AF315163

LE PROTECTORAT CATHOLIQUE

DE LA FRANCE

en Orient et en Extrême-Orient

ÉTUDE HISTORIQUE ET JURIDIQUE

PAR

Un Prélat romain

(Traduit de l'italien)

COMITÉ CATHOLIQUE DE DÉFENSE RELIGIEUSE

35, RUE DE GRENELLE, PARIS

LE PROTECTORAT CATHOLIQUE

DE LA FRANCE

en Orient et en Extrême-Orient

I

La raison de cette étude, et l'état actuel
de la question.

Depuis la rupture des relations diplomatiques entre la
France et le Saint-Siège, la presse européenne, et, en particulier, la presse française, surtout après les déclarations de
M. Combes à un rédacteur de la *Neue Freie Presse* de Vienne,
à peine atténuées dans le discours d'Auxerre, la presse,
disons-nous, s'est souvent occupée du protectorat catholique
de la France en Orient et en Extrême-Orient.

Il faut avouer que les déclarations de M. Combes n'ont pas
été accueillies favorablement, puisque les principaux
hommes politiques et les organes de l'opinion publique les
plus importants en France ne peuvent se résoudre à admettre
que cette nation, à cause de la haine que quelques-uns res-
sentent envers l'Église, doive perdre ce privilège qui fait
partie de son patrimoine national; et qui a contribué et con-
tribue toujours efficacement à rehausser l'influence morale
de la France dans ces régions.

Mais, notre projet n'est pas de commencer ici une polé-
mique avec M. Combes; nous rappellerons seulement pour

mémoire que tout ce que ce dernier voulut insinuer dans son discours d'Auxerre, afin d'exciter les esprits contre l'Église, est complètement faux; disant que le Saint-Siège comme représailles pour la rupture des relations diplomatiques, aurait menacé d'enlever à la nation française le protectorat catholique.

Notre intention ici est de faire une courte étude objective sur ce protectorat, et nous pensons que nous pourrons contribuer à éclairer un peu cette question si importante et d'une telle actualité, même après les excellents articles publiés à ce sujet dans quelques revues et journaux français.

Le protectorat français dans le Levant et l'Extrême-Orient consiste dans le droit qu'a la France de défendre l'Église catholique dans ces régions; il consiste aussi dans quelques prérogatives honorifiques. Par conséquent, le protectorat français comprend deux choses qu'il faut bien distinguer : 1° le droit de protéger l'Église catholique dans les **régions** soumises au protectorat; 2° quelques honneurs **particuliers** réservés dans ces mêmes régions aux représentants de la France comme protectrice de l'Église catholique. L'on peut dire, en une certaine façon, que le protectorat a une ressemblance avec le droit de patronage, lequel comprend, lui aussi, non seulement quelques droits (avec les devoirs qui y correspondent), mais encore quelques prérogatives honorifiques spéciales. Ce sont là les deux éléments qui forment le protectorat catholique de la France, lesquels, réunis tous deux, lui donnent une réelle suprématie morale dans tout l'Orient et l'Extrême-Orient.

Le but spécial de cette étude est de déterminer le fondement juridique de chacun de ces éléments; nous les traiterons donc séparément. Pour ce qui est des limites territoriales du protectorat français, nous dirons simplement qu'il s'étend à presque tout l'empire turc et à tout l'empire chinois; c'est ce que nous désignons par Orient ou Levant et Extrême-Orient. Quant à observer si ce protectorat est aussi exercé totalement ou partiellement dans les pays qui appartinrent autrefois à la Turquie, mais qui, à présent, sont indépendants ou presque indépendants, ou qui appartiennent à un autre

État; s'il s'exerce aussi dans d'autres États de l'Extrême-Orient ne faisant pas partie de la Chine, nous laisserons cette question de côté, soit parce que, pour certains États, la recherche n'en serait pas facile, soit parce qu'elle n'est pas nécessaire au but que nous nous proposons[1]. Les théories qui vont suivre pour la Turquie et la Chine, une fois admises, il sera facile de se faire une idée exacte du protectorat français aussi pour ce qui est des autres lieux dans lesquels il est en vigueur. Nous ne nous arrêterons pas davantage à dénombrer, en particulier, les personnes et les institutions comprises dans ce protectorat, ni les droits qu'il faut revendiquer, lesquels résultent des traités internationaux, des firmans ou des coutumes; il suffira de dire en général qu'il prend soin des intérêts de l'Église catholique dans ces régions [1].

---

1. Il peut se faire que, dans un même territoire, sujet en général au protectorat français, la protection partielle de quelques lieux ou de quelques personnes puisse appartenir à une autre puissance. C'est ainsi que, le 21 avril 1804, sur la demande du Vicaire apostolique de Constantinople, la S. C. de la Propagande déclarait ce qui suit : « S'il s'agit du local, il n'y a aucun doute que l'église de Saint-Georges à Galate, en vertu des conventions, ne doive rester sous la protection de la France, et celle de la Sainte Trinité, aussi selon le dernier traité, sous la protection impériale ; il ne semble pas que l'une puisse faire tort à l'autre, puisque chacune des deux est circonscrite et restreinte à sa place. Mais, s'il s'agit de la protection personnelle de Votre Seigneurie ou celle des autres évêques, quant à cela, nous ne pouvons Lui donner encore une réponse positive. » De même, le protectorat de la France comprend aussi l'Egypte, mais les missionnaires de la Haute-Egypte et du Soudan sont protégés de l'Autriche; et la S. C. de la Propagande, par un billet du 16 janvier 1857, faisait part à l'ambassadeur d'Autriche de la nouvelle qu'il avait reçue, que le gouvernement ottoman refusait de reconnaître la protection autrichienne en Égypte pour le Vicaire apostolique des Coptes et son chargé d'affaires, bien qu'ils fussent munis de la patente du consul général, lequel soutenait que cette protection devait être admise, ainsi qu'il en était pour toutes les églises de la Propagande, desservies par eux ; en conséquence, la S. C. de la Propagande invitait l'ambassadeur à prendre les décisions opportunes. L'Autriche-Hongrie a hérité de la République de Venise le protectorat des missionnaires de la Haute-Égypte et du Soudan, outre les traités personnels, desquels nous parlerons un peu plus loin.

II

Droit de la France de protéger les intérêts catholiques dans l'Orient.

Il est évident que tout gouvernement, par droit propre, peut et doit protéger en tout pays étranger ses sujets, leurs biens, et surtout les biens nationaux.

Ce droit en, ce qui concerne la Turquie, fut reconnu aux agents diplomatiques et consulaires des puissances par l'article 62 du traité de Berlin (13 juillet 1878) :

La Sublime Porte ayant exprimé la volonté de maintenir le principe de la liberté religieuse en y donnant l'extension la plus large, les parties contractantes prennent acte de cette déclaration spontanée.

Dans aucune partie de l'Empire Ottoman, la différence de religion ne pourra être opposée à personne comme un motif d'exclusion ou d'incapacité en ce qui concerne l'usage des droits civils et politiques, l'admission aux emplois publics, fonctions et honneurs, ou l'exercice des différentes professions et industries.

Tous seront admis, sans distinction de religion, à témoigner devant les tribunaux.

La liberté et la pratique extérieure de tous les cultes sont assurées à tous, et aucune entrave ne pourra être apportée soit à l'organisation hiérarchique des différentes communions, soit à leurs rapports avec leurs chefs spirituels.

Les ecclésiastiques, les pèlerins et les moines de toutes les nations, voyageant dans la Turquie d'Europe ou la Turquie d'Asie jouiront des mêmes droits, avantages et privilèges.

Le droit de protection officielle est reconnu aux agents diplomatiques et consulaires des puissances en Turquie, tant à l'égard des personnes susmentionnées, que de leurs établissements religieux, de bienfaisance et autres dans les Lieux Saints et ailleurs.

Les droits acquis à la France sont expressément réservés et il est bien entendu qu'aucune atteinte ne saurait être portée au statu quo dans les Lieux Saints.

Les moines du mont Athos, quelque soit leur pays d'origine, seront maintenus dans leurs possessions et avantages antérieurs et jouiront, sans aucune exception, d'une entière égalité de droits et prérogatives.

Quant aux sujets autres, leurs biens, ou les biens d'une autre nation, un gouvernement n'a pas le droit de les protéger en pays étranger, à moins d'une concession du gouvernement local ou d'un mandat reçu légitimement, et, par conséquent, dans les limites de cette même concession ou de ce mandat. Ce principe qui, assurément, ne sera mis en doute par personne, explique le protectorat catholique de la France dans l'Orient et dans l'Extrême-Orient.

En effet, le droit de la France de protéger les intérêts de l'Église catholique dans le Levant repose, en premier lieu, sur les *Capitulations* obtenues du gouvernement ottoman, lesquelles ont force de traités internationaux.

Toutes ces capitulations se trouvent dans le *Recueil d'actes internationaux de l'Empire ottoman*, publié à Paris en 1897 par Gabriel Effendi Noradounghian, conseiller légiste de la Porte ottomane. Nous nous arrêterons à la Capitulation de 1740 avec Louis XV, laquelle répète et étend les concessions faites dans les précédentes Capitulations de 1535, 1604, 1673, en la citant selon la traduction officielle de Deval[1].

1. Capitulations ou traités anciens et nouveaux entre la Cour de France et la Porte ottomane, renouvelés et augmentés l'an de Jésus-Christ 1740 et de l'Hégire 1453, traduit à Constantinople par Deval, secrétaire-interprète du Roi, etc. Paris, 1770, in-4°.

Il ne sera pas inutile de rappeler les dispositions relatives au protectorat qui se trouvent dans les capitulations indiquées.

Capitulation de 1535 :
Item. quant à ce qui touche à la religion, il a été expressément promis, conclu et accordé que lesdits marchands et leurs agents et serviteurs et tous autres sujets du Roi ne pussent jamais être molestés ni jugés par les *cadi, sandjac-bey, sanbachi*, ni autres que par l'Excelse-Porte seulement et qu'ils ne puissent être faits ni tenus pour Turcs si eux-mêmes ne le veulent et le confessent de bouche, sans violence, mais qu'il leur soit licite d'observer leur religion.

Capitulation de 1604 :
Art. 4. Nous commandons aussi que les sujets du dit Empereur de France et ceux de Princes, ses amis, alliés et confédérés puissent, sous son aveu et protec-

Dans l'article 1ᵉʳ de la Capitulation, on lit : « *L'on n'inquiètera point les Français qui vont et viendront pour visiter Jérusalem, de même que les religieux qui sont dans l'Église du Saint-
Sépulcre dite Camamat.* »

Ces paroles de la traduction semblent étendre le droit de
protection aux religieux de toute nationalité qui se trouvent
dans l'église du Saint-Sépulcre, tandis que le texte turc le
restreint aux religieux de nationalité française. Mais, quoi
qu'il en soit du texte turc, les religieux d'une autre nationalité sont aussi compris sous la protection française, ainsi
que nous allons le montrer par les textes qui suivent.

tion, librement visiter les Saints Lieux de Jérusalem, sans qu'il leur soit fait ou
donné aucun empêchement.

Art. 5. De plus, pour l'honneur et amitié d'icelui Empereur, nous permettons
que les religieux qui demeurent en Jérusalem, Bethléem, et autres lieux de notre
obéissance, pour y servir les églises qui s'y trouvent d'ancienneté bâties, y
puissent avec sûreté séjourner, aller et venir, sans aucun trouble et destourbier,
et y soient bien reçus et protégés, aidés et secourus en la considération susdite.

Capitulation de 1673 :

Art. 2. Que les François qui vont et viennent pour visiter les Saints Lieux.
ne soient pas mal traitez ; et que les Religieux qui sont dans l'église du *Kamam*,
le *Saint-Sépulchre*, n'y soient inquiétez, à cause de l'ancienne amitié que les
Empereurs de France ont eue avec notre Porte.

Article additionnel à cette même Capitulation :

Art. 1. Que les Evêques ou autres Religieux de secte latine, qui sont sujets
à la France de quelque sorte qu'ils puissent estre, soient dans tous les lieux de
notre Empire comme ils estaient auparavant, et y faire leurs fonctions sans que
personne les trouble ny les empêche ; que les Religieux François qui sont en
Jérusalem, et qui ont depuis longtemps les Lieux Saints, tant dehors que
dedans, comme aussi ceux qui sont dans le Saint Sépulchre, en jouissent et le
possèdent, comme auparavant, sans que personne les moleste, en leur demandant
des imposts ou autrement, et s'ils ont quelque procez, ils soient envoyez à notre
Porte de félicité.

Art. 2. Que tous les François, et tous ceux qui sont sous leur protection, de
quelque sorte qu'ils puissent estre qui vont et viennent en Jérusalem, ne soient
point tourmentez ny molestez.

Art. 3. Nous voulons que les PP. Jésuites et Capucins qui sont à Galata,
joüissent toujours de leurs églises ; et celle des Capucins ayant esté bruslée,
Nous donnons permission qu'elle soit rebastie. Nous voulons aussi que l'on ne
moleste point les églises des François qui sont à Smyrne, à Seyde et à Alexandrie et dans toutes les autres Echelles de notre Empire, ny qu'on leur demande
aucun argent pour celle-cy.

Art. 4. Nous permettons qu'ils puissent exercer l'office divin dans l'hôpital
qui est à Galata, sans que personne les moleste.

Toutes ces Capitulations furent confirmées par le traité de Paris du
25 juin 1802. « Art. 2. Les Traités ou Capitulations qui avant la guerre
réglaient les relations de tout genre, existant entre les deux puissances, sont
renouvelés dans toutes leurs parties. »

Dans les articles, 32, 33, 34, 35, 36, 82, il est établi que :

Art. 32. ...Les Évêques dépendant de la France et les autres religieux qui professent la religion franque, de quelque nation ou espèce qu'ils soient, lorsqu'ils se tiendront dans les bornes de leur état, ne seront point troublés dans l'exercice de leurs fonctions, dans les endroits de notre Empire où ils sont depuis longtemps.

Art. 33. Les religieux francs qui, suivant l'ancienne coutume, sont établis dedans et dehors de la ville de Jérusalem dans l'église du Saint Sépulcre, appelée *Camamat*, ne seront point inquiétés pour les lieux de visitation qu'ils habitent et qui sont entre leurs mains, lesquels resteront encore entre leurs mains, comme par ci-devant, sans qu'ils puissent être inquiétés à cet égard, non plus que par des prétentions d'impositions; et s'il leur survenait quelque procès qui ne pût être décidé sur les lieux, il sera renvoyé à ma Sublime-Porte.

Art. 34. Les Français ou ceux qui dépendent d'eux, de quelque nation ou qualité qu'ils soient, qui iront à Jérusalem, ne seront point inquiétés en allant et venant.

Art. 35. Les deux ordres religieux français qui sont à Galata, savoir les Jésuites et les Capucins y ayant deux églises qu'ils ont entre leurs mains *ab antiquo*, resteront encore entre leurs mains et ils en auront la possession et la jouissance. Et comme l'une de ces églises a été brûlée, elle sera rebâtie avec permission de la justice et elle restera, comme par ci-devant, entre les mains des Capucins sans qu'ils puissent être inquiétés à cet égard. On n'inquiètera pas non plus les églises que la nation française a à Smyrne, à Saïde, à Alexandrie et dans les autres échelles et l'on n'exigera d'eux aucun argent sous ce prétexte.

Art. 36. On n'inquiètera pas les Français quand, dans les bornes de leur état, ils liront l'Évangile dans leur hôpital de Galata.

. . . .

Art. 82. Lorsque les endroits, dont les religieux dépendant de la France ont la possession et la jouissance à Jérusalem, ainsi qu'il en est fait mention dans les articles précédemment accordés et actuellement renouvelés, auront besoin d'être réparés, pour prévenir la ruine à laquelle ils seraient exposés par la suite des temps, il sera permis d'accorder, à la réquisition de l'ambassadeur de France, résidant à ma Porte de félicité, des commandements pour que ces réparations soient faites d'une façon conforme aux tolérances de la justice; et les *cadi*, commandants et autres officiers ne pourront mettre aucune sorte d'empêchement aux choses accordées par commandement. Et comme il est arrivé que nos officiers, sous prétexte que l'on avait fait des réparations secrètes dans les susdits lieux, y faisaient plusieurs visites dans l'année et rançonnaient les religieux, nous voulons que de la part des pachas, *cadi*, commandants et autres officiers qui s'y trouvent, il ne soit fait qu'une visite par an dans l'église de l'endroit qu'ils nomment le Sépulcre de Jésus, de même que dans leurs autres églises et lieux de visitation. Les évêques et religieux dépendant de l'empereur de France, qui se trouvent dans mon empire, seront protégés, tant qu'ils se tiendront dans les bornes de leur état, et personne ne pourra les empêcher d'exercer leur rite, suivant leur usage, dans les églises qui sont entre leurs mains, de même que dans les autres lieux où ils habitent. Et lorsque nos sujets tributaires et les Français iront et viendront les uns chez les autres pour ventes, achats et autres affaires, on ne pourra les molester contre les lois sacrées, pour causes de cette fréquentation; et comme il est porté par les articles précédemment stipulés qu'ils pourront lire l'évangile, dans les bornes de leur devoir, dans leur hôpital de Galata, cependant cela n'ayant pas été exécuté, nous voulons que dans tel endroit où cet hôpital pourra se trouver à l'avenir, dans une forme juridique, ils puissent, conformément aux anciennes capitulations, y lire l'évangile dans les bornes du devoir sans être inquiétés à ce sujet.

Le premier des articles cités plus haut, c'est-à-dire l'article 32, serait très clair en faveur de la protection française des religieux de toute nationalité.

Malheureusement, dans le texte turc (à l'article 32 et à l'article 34), manquent les paroles : *de quelque nation;* lesquelles, par conséquent, ont dû être supprimées. Malgré cela, le sens de l'article reste toutefois aussi clair, car il faut observer que, pour les Turcs, *religion franque* signifie *religion catholique de rite latin*, de même que les francs sont les catholiques de rite latin, par conséquent, comme cet article parle des religieux *qui professent la religion franque, de quelque espèce qu'ils soient*, il s'ensuit toujours que tous les religieux catholiques du rite latin sont compris sous la protection française. Pourtant, dans le recueil de M. Noradounghian, cité plus haut, après la Capitulation de 1740, nous trouvons quelques *notes explicatives de M. Bianchi sur plusieurs articles de la traduction officielle* (par Deval) *des Capitulations avec la France, du 28 mai 1740;* et, à la note 13, à propos de l'article 32, il est observé que dans le texte turc, tous les religieux doivent, tout aussi bien que les évêques, être dépendants de la France. Cela semble être confirmé par l'article 32. lequel résume les concessions des articles précédents et parle des évêques et des religieux *dépendant de l'Empereur de France.* Nous ne pouvons engager ici une discussion philologique sur le texte turc, il nous suffira d'observer que dans l'article 33, il est parlé de religieux *francs*, c'est-à-dire catholiques de rite latin ; de même dans la Capitulation de 1604, il n'y a pas de restriction et, du reste, suivant l'usage ancien et constant admis par le gouvernement ottoman lui-même on interprète l'article 32 dans le sens favorable à la France.

Nous admettons donc que la France, en vertu des Capitulations, étend sa protection sur tous les religieux catholiques du rite latin qui se trouvent dans le Levant, de quelque nationalité qu'ils soient, individuellement ou collectivement et sur leurs fondations ; tandis que les catholiques de rite oriental y sont compris piutôt par la force de l'usage que par le texte écrit des traités.

Car, il ne faut pas oublier qu'un semblable droit de protection, et non moins étendu, fut concédé par la Porte à d'autres nations, notamment à l'Autriche-Hongrie. Pour s'en convaincre, il suffit de citer l'article 13 du traité de paix de Carlowitz du 26 janvier 1699 :

« Pro religione ac religionis christianæ exercitio juxta ritum Ro-
« mano-Catholicæ Ecclesiæ, quæcumque præcedentes gloriosissimi
« Ottomanorum Imperatores in regnis suis, sive per antecedentes
« sacras Capitulationes, sive per signa imperialia, sive per edicta et
« mandata speciala favorabiliter concesserunt, ea omnia Serenissimus
« et Potentissimus Ottomanorum Imperator in posterum etiam obser-
« vanda confirmabit, ita ut Ecclesias suas præfati religiosi reparare
« atque resarcire possint, functiones ab antiquo consuetas exerceant.
« Et nemini permissum sit contra sacras capitulationes et contra leges
« divinas aliquo genere molestiæ aut pecuniariæ petitionis eosdem reli-
« giosos cujusque Ordinis et conditionis afficere, sed consueta Impe-
« ratora pietate gaudeant et fruantur. Præterea Serenissimi et Poten-
« tissimi Romanorum Imperatoris solemni ad fulcidam Portam Legato
« licitum sit commissa sibi circa religionem et loca christianæ visita-
« tionis in sancta civitate Jerusalem existentia exponere, atque instan-
« tias suas ad imperiale solium afferre. »

Les dispositions de ce traité sont contenues et confirmées aussi dans les autres traités de paix entre la Sublime-Porte et l'Autriche-Hongrie[1]. Il est donc évident que l'Autriche-Hongrie, en vertu de ces articles a, tout aussi bien que la France, le droit de protéger, dans tout le Levant, les religieux catholiques, même réunis en communauté, ainsi que leurs fondations, sans aucune restriction de lieu ni de nationalité. Et, bien que l'Autriche-Hongrie, ne possédant pas une flotte suffisante alors, ait exercé en fait son protectorat, surtout dans les pays turcs qui lui étaient limitrophes, pourtant, son droit, résultant des traités, est tout aussi général que celui de la France. L'on peut même ajouter que : *à s'en tenir aux termes des traités internationaux*, le protectorat autrichien s'étend à tous les religieux catholiques, tandis que le protectorat français est restreint, ainsi que nous l'avons dit, aux catholiques du rite latin.

De même, l'Angleterre pourrait revendiquer le même

1. Traité de Vienne du 1er mai 1616 :
Art. 7. « Ex populis sancti Jesu, qui Papæ Religionem sequuntur, sacerdotes, « monachi, Jesuitate in nostris regnis, sua templa exædificent, ex ritu suo « divinum servitium peragant; Evangelium legant : nos omni gratia ipsos pro-« sequamur, et contra jus ac leges nemo illos perturbet. »

Traité de Zzœny du 19 mars 1642 :
Art. 7. Les Religieux, Moynes et Prestres qui demeurent au lieu appelé Cinq-Églises ou ailleurs, ne seront point mal traitez mais seront maintenus suivant les derniers articles de paix.

Traité de Passarowitz du 21 juillet 1713 :
Art. 11, identique à l'article 13 du traité de Carlowitz de 1699 cité plus haut.

Traité de Belgrade du 18 septembre 1739 :
Art. 9. Tous les privilèges qui ont été accordés pour les religieux et pour l'exercice de la religion chrétienne selon le rite de l'Église catholique romaine par les prédécesseurs du très glorieux empereur des Ottomans dans son royaume, soit par les précédentes Capitulations sacrées, soit par d'autres signes impériaux, soit par édits et mandements spéciaux, tant avant la paix de Passarowitz, que depuis, tous ces privilèges et spécialement ceux qui, à la réquisition du très Auguste Empereur des Romains ont été accordés aux Religieux de l'ordre de la très sainte Trinité de la rédemption des captifs, le Sérénissime Empereur des Ottomans les confirmera pour être observés à l'avenir, en sorte que les susdits Religieux puissent librement réparer et rétablir leurs églises, exercer leurs fonctions anciennement accoutumées, et qu'il ne soit pas permis à personne, contre les susdites capitulations et lois, de molester, ou par insulte, ou par exaction d'argent, les dits Religieux et autres de quelque ordre et condition qu'ils soient; mais qu'ils jouissent de la protection impériale accoutumée. De plus il sera permis à l'ambassadeur du très Auguste et très puissant Empereur des Romains près la Porte Ottomane d'exposer ce qui lui sera commis par rapport à la religion et aux lieux que les chrétiens visitent dans la sainte cité de Jérusalem et dans les autres endroits où les dits Religieux ont des Églises et de faire à cet égard toutes les instances convenables.

droit, concédé non explicitement, mais implicitement dans l'article 18 de la Capitulation signée à Adrianopolis en septembre 1675 :

> Tous les privilèges, articles et capitulations accordés aux Français, aux Vénitiens et à d'autres princes, qui entretiennent des rapports d'amitié avec la Sublime Porte, ayant également été accordés par faveur aux Anglais, en vertu de notre commandement spécial; ces mêmes privilèges, articles, capitulations devront en tout temps être observés, suivant leur forme et teneur, de manière qu'à l'avenir personne ne se permette de les enfreindre ou d'y contrevenir.

Il en est de même pour les Pays-Bas, en vertu de l'article 14 de la Capitulation concédée à Constantinople le 15 septembre 1680 :

> Tout ce qui est inséré dans les capitulations impériales accordées à la France et à l'Angleterre est aussi confirmé en faveur des Néerlandais : l'on se conformera tant pour les marchandises que pour toutes autres choses à la capitulation impériale qui leur est donnée ; et personne ne les molestera ni ne les inquiétera contrairement à la loi sainte et à la glorieuse capitulation impériale.

Et, à la rigueur, la Russie elle-même pourrait invoquer en sa faveur l'article 7 du traité de paix de Kutschuck Kaïnardji du 10-11 juillet 1774 : « La Sublime Porte promet une protection *constante à la religion chrétienne et aux Églises de cette religion...* » Il n'est pas parlé dans cet article de la religion orthodoxe, mais de la religion chrétienne qui comprend certainement et principalement la catholique; par conséquent, si les religieux catholiques, quoique n'étant pas russes, étaient persécutés un jour à cause de leur religion et aient recours au représentant de la Russie, nous ne voyons pas ce qui pourrait empêcher celui-ci d'intervenir, en s'appuyant sur l'article cité plus haut.

Dans les articles 16 et 17, il est particulièrement reconnu à la Russie le droit de protection sur la Valachie et la Moldavie (Roumanie) et sur toutes les îles de l'Archipel; mais cet article déjà cité ne contient aucune restriction de lieu.

La République de Venise, elle aussi, aux jours de sa splendeur, eut un grand droit de protection dans le Levant et particulièrement dans les Lieux Saints; mais il est inutile d'y insister, puisque l'Autriche-Hongrie, qui lui a succédé, a un droit propre, que nous avons déjà mentionné[1].

De tout ceci il ressort clairement que le droit général de protéger, dans le Levant, les intérêts de l'Église catholique est attribué par les traités non seulement à la France, mais encore à d'autres nations, soit pour leurs propres sujets, soit pour les sujets d'autrui, sans en exclure les propres sujets de la Porte.

Ce droit ne fut pas supprimé par l'article 62 du traité de Berlin déjà cité; et, en effet, l'Autriche, par exemple, après ce traité, a continué d'exercer son protectorat dans les lieux où elle l'exerçait auparavant, en faveur même de personnes et d'institutions non autrichiennes. Et même, si les dispositions contenues dans cet article n'étaient pas observées un jour, chaque puissance signataire pourrait réclamer, en vertu de ce même article, même à propos de gens et de choses d'une autre nationalité, de sorte que le traité de Berlin, non seulement n'a pas restreint le droit de protection, mais l'a plutôt étendu. Par conséquent, la réserve expresse des droits de la France, mentionnée dans le traité, fut utile, mais non nécessaire, puisque, même sans elle, les droits de la France, ainsi que ceux des autres puissances seraient demeurés intacts.

De toute façon, cette réserve concerne les droits acquis par la France, non seulement par les Capitulations, mais encore par l'usage ou par le Saint-Siège, sans que, pour cela, le Saint-Siège, étranger au Congrès, demeurât lié en aucune manière[2]. Quelques-uns feront observer que les autres puis-

---

1. D'autres puissances se contentèrent d'obtenir des garanties pour leurs sujets seulement. C'est ainsi que dans l'article 4 du traité de paix et de commerce entre la Turquie et le royaume des Deux-Siciles (7 avril 1740) et entre la Turquie et l'Espagne (14 septembre 1782) nous lisons : « Dans l'exercice de la religion et dans le pèlerinage à Jérusalem et autres lieux les sujets du Roi de Deux-Siciles (de S. M. C.) seront traités comme ceux des puissances amies. »

2. Selon le protocole du traité de Berlin, cette réserve concerne seulement les Lieux Saints, tandis que, selon d'autres documents diplomatiques et parlementaires, elle s'étendrait aussi à l'Égypte et à la Syrie. On peut lire effectivement dans le protocole n° 12, séance du 4 juillet 1878 :

sances que la France n'ayant jamais exercé le protectorat, en ont perdu le droit, bien que l'ayant eu. Il y aurait beaucoup

« M. Waddington, sur la dernière ligne de l'alinéa 4, croit devoir rappeler les droits acquis à la France et fait observer, d'ailleurs, que des réserves expresses ont été présentées par son Gouvernement, avant la réunion du Congrès, en ce qui concerne les Lieux Saints.

« Le Président constate que ces réserves ont été posées par la France comme condition de sa participation au Congrès et que l'observation de M. Waddington est pleinement fondée.

« Le comte Andrassy ajoute qu'elles ont été en effet communiquées, dès le début, au gouvernement austro-hongrois, qui y a donné son assentiment.

« Le premier plénipotentiaire de France désirerait qu'il fût tenu compte des droits de la France dans l'alinéa même qui constaterait ainsi le maintien du *statu quo*.

« Le Président propose d'ajouter les mots : *sauf toutefois les droits acquis à la France*.

« Le prince Gortchacow exprime le désir que le *statu quo* soit indiqué comme maintenu par toutes les puissances.

« M. Waddington soumet au Congrès la rédaction suivante qui doit terminer le 4ᵐᵉ alinéa : *Les droits acquis à la France sont expressément réservés et il est bien entendu qu'aucune atteinte ne saurait être portée au statu quo dans les Lieux Saints.*

« Cette proposition est adoptée à l'unanimité. Elle doit être insérée dans l'alinéa 4, qui est également adopté.

« M. d'Oubril demande que, dans l'alinéa 5, les mots : *Les Moines du Mont Athos*, soient suivis de ceux-ci : *quel que soit leur pays d'origine*. L'alinéa 5 est adopté avec cette addition. »

Mais, de tout ce que nous avons dit, il ressort clairement que l'on ne peut, de cette réserve restrictive, déduire que le traité de Berlin ait aucunement supprimé ou diminué les droits de la France dans les autres lieux du Levant.

L'éminent ex-président de la Chambre française, M. Paul Deschanel, dans son discours du 21 octobre de la présente année affirme que dans le traité de Paris (30 mars 1856) l'on établit : « Art. 9. S. M. I. le Sultan, dans sa constante sollicitude pour le bien-être de ses sujets, ayant octroyé un Firman, qui, en améliorant leur sort sans distinction de religion, ni de race, consacre ses généreuses intentions envers les populations chrétiennes de son empire et voulant donner un nouveau témoignage de ses sentiments à cet égard, a résolu de communiquer aux puissances contractantes le dit Firman, spontanément émané de sa volonté souveraine. Les puissances contractantes constatent la haute valeur de cette communication. Il est bien entendu qu'elle ne saurait, en aucun cas, donner le droit aux dites puissances de s'immiscer soit collectivement, soit séparément dans les rapports de S. M. le Sultan avec ses sujets, ni dans l'administration intérieure de son empire. » Il faut observer que, si cette communication ne conférait pas aux puissances un semblable droit, elle ne détruisait pourtant pas celui qui pouvait leur dériver des traités. Dans le traité de Londres (13 mars 1871), il ne peut se rapporter à la question qui nous occupe que l'art. 8 : » « Les Hautes Parties contractantes renouvellent et confirment toutes les stipulations du traité du 30 mars 1856, ainsi que de ses annexes qui ne sont pas annulées ou modifiées par le présent Traité. » Dans le traité de Saint-Etienne (3 mars 1878), nous lisons : « Art. 22. Les ecclésiastiques, les pèlerins et les moines russes voyageant et séjournant dans la Turquie d'Europe et d'Asie, jouiront des mêmes droits, avantages et privilèges que les ecclésiastiques étrangers appartenant à d'autres nationalités. Le droit de protection officielle est reconnu à l'ambassade impériale et aux consulats russes en Turquie, tant à de choses à répondre à cela. Il nous suffira de dire qu'il est faux que les puissances n'aient jamais exercé leur droit de protection. C'est ainsi que l'Autriche, qui a surtout exercé ses droits de protection légitime d'une façon continuelle et complète dans les provinces qui lui sont voisines, est aussi intervenue souvent en faveur des Lieux Saints de Jérusalem. Au reste, l'usage constant d'un droit consacré par des traités internationaux solennels n'est pas nécessaire pour la conservation de ce même droit.

Donc, le droit de protection accordé par la Porte, à quelques puissances, par des traités internationaux, reste entier. La Porte, par ces traités, fait quelques concessions à l'Église catholique et, par là même, elle accorde aux puissances signataires le droit d'intervenir pour en assurer l'observance chaque fois que ces concessions sont violées; et c'est en cela que consiste le droit de protection.

Cette ingérence est particulièrement désagréable au gouvernement ottoman quand il s'agit de sujets turcs et de leurs institutions; mais c'est pourtant un droit concédé par les sultans aux puissances elles-mêmes, et ce droit doit être respecté. Le Saint-Siège ne pourrait pas supprimer ou restreindre ce droit, puisqu'il fut donné par une concession de la Porte, à laquelle le Saint-Siège n'a rien à voir.

Il reste maintenant à examiner quels sont les titres spéciaux de la France au protectorat catholique en Orient, et pourquoi, malgré le droit personnel de chaque puissance de protéger ses sujets, malgré la concession faite par la Porte à ces différentes puissances, dans ces traités internationaux, le protectorat catholique en Orient appartient presque exclusivement à la France.

l'égard des personnes sus-indiquées que de leurs possessions, établissements religieux, de bienfaisance et autres dans les Lieux Saints et ailleurs. Les moines du mont Athos d'origine russe seront maintenus dans leurs possessions et avantages antérieurs et continueront à jouir dans les trois couvents qui leur appartiennent et dans les dépendances de ces derniers, des mêmes droits et prérogatives que ceux qui sont assurés aux autres établissements et couvents du mont Athos. » Cet article fut ensuite modifié dans l'art. 62 du traité de Berlin que nous avons déjà cité. Il n'est donc point exact de dire que les droits de la France au protectorat catholique dans le Levant aient été établis et consacrés par les traités de Paris, de Londres et de Saint-Etienne.

Cela dépend uniquement du Saint-Siège et ne peut dépendre d'un autre.

Premièrement, ainsi que le prouveront les documents qui vont suivre, le Pontife romain, chef suprême de l'Église catholique a conféré à la France, qui l'accepta, la mission ou la charge de protéger dans tout le Levant, abstraction faite des lieux réservés à l'Autriche, les personnes et les institutions catholiques de toute nationalité[1]. C'est pour cette raison que, tandis que les autres puissances ont seulement un titre pour intervenir dans la protection de personnes et d'institutions d'une autre nationalité, c'est-à-dire la concession du sultan, la France, elle, en a deux : la concession du sultan et la mission ou charge donnée par le Saint-Siège, et, s'il s'agit de personnes ou d'institutions de nationalité propre, deux titres appartiennent aux autres puissances, trois à la France. Nous accorderons facilement que cette différence est plutôt théorique que pratique, parce que, dans la pratique, il importe peu qu'un droit dérive d'un ou de plusieurs titres.

Mais le Saint-Siège ne se contenta pas de concéder un simple mandat ou mission à la France ; il obligea en outre les catholiques d'Orient de s'adresser aux agents diplomatiques et consulaires français, et leur défendit de faire appel à d'autres, exception faite pour les lieux où l'Autriche exerce le protectorat. Naturellement, ce mandat, et cette défense n'empêchent pas que le Saint-Siège ne puisse, s'il en est besoin, avoir recours aux autres puissances, dans le but de sauver d'une injuste persécution les missions et les missionnaires catholiques. En fait, le Saint-Siège agit ainsi en diverses circonstances, et toutes les Puissances répondirent à son appel, chacune dans leur mesure.

Une fois cette prescription du Saint-Siège admise, les

---

1. Comme il s'agit de communautés religieuses mixtes, c'est-à-dire composées de sujets de différentes nationalités, ainsi qu'il en est pour beaucoup d'entre elles, il était sinon nécessaire, du moins parfaitement raisonnable d'en confier la protection à une seule puissance, parmi celles qui ont le droit général de protection. Les puissances qui peuvent protéger leurs sujets seulement ne pourraient protéger de semblables communautés comme étant de leurs sujets ; elles le pourraient intervenir qu'au cas où les dommages causés à la communauté seraient aussi éprouvés par chaque membre.

autres Puissances peuvent fort bien protéger dans le Levant, les personnes et les institutions catholiques de leur propre nationalité, par droit propre, reconnu par la Porte ; ou bien encore, protéger les personnes ou les institutions d'autre nationalité, par concession obtenue par les traités internationaux, mais, en fait, elles ne protègent ni les unes ni les autres, à moins de quelques cas fort rares, dans lesquels elles interviennent de leur propre initiative, parce que les missionnaires, même de leur nationalité, à cause de la défense pontificale, ne réclament généralement jamais leur protection.

La France, au contraire, à un titre spécial pour protéger les uns et les autres, résultant, ainsi que nous le disons plus haut, du mandat ou mission que lui concéda le Saint-Siège ; et, en fait, elle seule les protège, puisque les missionnaires, même d'une autre nationalité, obéissant à la voix du Pape, n'ont recours qu'à elle seule.

Il est donc évident que la France a, au regard des autres Puissances qui obtinrent de la Porte de semblables concessions, une condition privilégiée en Orient, de droit et de fait, qui la constitue, de préférence à toute autre nation, la protectrice du catholicisme en Orient ; mais il est non moins évident qu'elle doit uniquement au Saint-Siège cette condition privilégiée.

Si, en effet, le Saint-Siège retirait l'ordre donnée aux missionnaires d'avoir recours à la France, et supprimait la défense de s'adresser aux autres puissances, *ipso facto*, la France, spécialement depuis la rupture des relations avec le Saint-Siège, perdrait sa condition privilégiée et serait réduite au rang des autres Puissances ; et, si le Saint-Siège donnait le même ordre et la même défense en faveur d'une autre Puissance, *ipso facto* la condition de celle-ci deviendrait prépondérante, et la France aurait une place secondaire, telle que l'ont en ce moment les autres puissances.

Il faut noter ici, une fois pour toutes, que nous ne disons point que le Saint-Siège agira ainsi ; d'autant plus que nous ne sommes nullement autorisé à parler en son nom, et il ne faut donc point trouver à ces paroles un sens menaçant ; nous disons simplement que si le Saint-Siège agissait ainsi, ce seraient là les conséquences qui en résulteraient pour la France. C'est, en effet, du droit des gens et des traités internationaux que dérive le droit de protection qui est commun à toutes les Puissances ; mais la condition privilégiée de droit et de fait qu'a la France, dépend d'une concession du Saint Siège, et ne peut dépendre d'autre chose.

Il est assez difficile de déterminer avec exactitude la date de la loi pontificale qui prescrit aux missionnaires en Orient de demander protection aux agents de la France, à l'exclusion de toute autre puissance, abstraction faite pour les exceptions notées plus haut.

Quant à nous, voici notre avis sur la question. Lorsque les armées françaises, sous la conduite de Godefroy de Bouillon, triomphant des nombreuses troupes des Califes, eurent, dans la première Croisade, arraché aux Musulmans le domaine de la Terre Sainte, et planté dans Jérusalem l'étendard de la Croix, la France fut désormais considérée comme la protectrice du catholicisme en Orient. Le zèle catholique des rois Très chrétiens ne fut pas moins grand par la suite ; car, en fait, la France seule protégeait tous les intérêts catholiques, même non français, dans le Levant ; soit parce que, parmi les grandes puissances européennes, elle fut la première à entretenir des amicales relations avec la Porte [1] ; soit parce qu'elle pouvait, mieux que les autres Puissances, en raison de sa force, rendre efficace sa protection. Non seulement le Saint-Siège ne s'opposa point à ce fait, mais encore il l'approuva, et, peu à peu, cette approbation devint une loi, comme récompense des services que la France avait rendus et rendait toujours à la cause catholique, ainsi que pour assurer plus efficacement la sauvegarde des intérêts de l'Église en Orient.

Dans le cours des siècles, la France s'est toujours montrée, et, avec raison, jalouse de cette condition privilégiée. Voici en quels termes s'exprimait l'Ambassadeur français auprès du

---

1. Ces relations commencent avec la fâcheuse alliance entre François Iᵉʳ, roi de France, et le Sultan Soliman II, en 1535. Ce n'est qu'en 1799 que l'on voit les Français et les Turcs en venir aux mains, les uns contre les autres. Au contraire, les relations avec l'Autriche-Hongrie ne furent qu'une série de guerres pendant l'espace de trois siècles, de 1524 à 1791, mais, qui donnèrent lieu à de nombreux traités de paix.

Saint-Siège, dans une note du 8 juillet 1825, adressée à la Secrétairie d'État :

Protégeant depuis des siècles les établissements et les populations catholiques de tout l'Orient, elle (la Couronne de France) regarde comme un de ses plus beaux privilèges d'avoir à les protéger toujours. Elle est jalouse de l'autorité et des prérogatives qu'elle a acquises par tant de services rendus à la Religion et qui lui sont nécessaires pour continuer de la maintenir et de la défendre dans les lieux soumis à la domination des infidèles.

Chaque fois, donc qu'il arriva que les Missionnaires du Levant, spécialement en Palestine, aient, en quelque occasion, invoqué la protection d'une autre Puissance que la France, les Ministres de cette nation n'ont jamais manqué de réclamer énergiquement auprès du Saint-Siège (et ils ne pouvaient pas réclamer à d'autres), lequel, a toujours pris ses protestations en considération. Parmi de nombreux faits, nous en citerons seulement deux, en les choisissant exprès dans deux siècles différents, afin de mieux montrer la règle de conduite adoptée continuellement par le Saint-Siège.

En 1774, les Missionnaires de Terre Sainte, au Caire, ayant été insultés dans la personne de la fabrique d'un de leurs hospices, le Président eut recours à la médiation du consul d'Angleterre, ami du chef des Janissaires, auteur de l'insulte. Bien que ce président affirmât qu'il avait tout d'abord réclamé l'aide du Consul français, résidant dans cette capitale, comme unique protecteur, et que le consul lui-même l'avait adressé au consul britannique, néanmoins, l'ambassadeur français, Canilliac, par ordre de S. M. très chrétienne, se plaignit à la S. C. de la Propagande, de ce que le président, à l'insu du consul français, ait· eu recours à celui d'Angleterre, renonçant ainsi à la protection de la France ; et faisait la menace que, si ces religieux ne remplissaient pas mieux leurs devoirs par rapport aux nationaux français, S. M. se verrait obligée dé donner à son ambassadeur, à Constantinople, des ordres peu en leur faveur.

La S. C. de la Propagande, ordonna au P. Gardien de Terre Sainte de faire quitter l'hospice à tous les religieux :

« Cum præcepto iisdem fratribus ut ante discessum debeant si sistere
« consuli Franciæ et eidem humiliter actus excusatione præstare; »

et aussi de désigner un autre président avec d'autres religieux,

« qui præses teneatur una cum sociis pariter se præsentare prædicto con-
« suli eumque precari de consueta sua protectione. »

Il ajoute ensuite :

« Inhibeat (P. Guardianus) novo Præsidi ne amplius... recursum
« habeat ad consules aliarum nationum, cum quibus tamen ita se
« gerere debebit, ut quantum fieri potest, nullam eis occasionem in-
« dignationis praebeat. »

Un fait semblable se produisit en 1844. Les Pères de Terre
Sainte ayant refusé d'avoir recours à la protection de la
France en quelques circonstances dans laquelle ils avaient eu
besoin de secours, le consul de Jérusalem en fit la matièie
d'une plainte à la S. C., laquelle, le 3 juin répondit dans les
termes suivants: « La conduite de ces religieux est absolument
désapprouvée, lesquels, ayant besoin de protection, ne le
cherchèrent point, ainsi qu'ils le devaient, au consulat de
France, auquel la S. C. maintient entièrement l'illustre pré-
rogative de défendre le catholicisme en Orient. »

A une époque plus rapprochée encore, le Saint-Siège, soit
dans des cas particuliers, soit dans des instructions géné-
rales, a confirmé cette prescription en faveur de la France.
Il nous suffira de citer l'instruction de la S. C. de la Propagande du 22 mai 1888, dans laquelle nous lisons :

« Norunt, Delegati, vicarii apostolici cæterique in locis Missionum
« Ordinarii, protectionam Gallicæ Nationis per regiones Orientis a
« sæculis esse invectam et conventionibus etiam inter imperia initis
« firmatam. Quapropter hac in re nihil prorsus innovandum; protectio
« hujusmodi, ubicumque viget, servanda religiose est, eaque de re
« monendi Missionarii, ut si quando auxilio indigeant, ad consules
« aliosque Gallicæ nationis administros recurrant. In iis etiam locis
« Missionum in quibus Austriacæ nationis protectio invaluit, pariter
« absque immutatione teneatur. »

Cette instruction fut rappelée et confirmée par Léon XIII,
d'heureuse mémoire, dans sa lettre du 1er août 1889 au Car-

dinal Langénieux, archevêque de Reims : « La France a en Orient une mission à part que la Providence lui a confiée; noble mission qui a été consacrée non-seulement par une pratique séculaire, mais aussi par des traités internationaux, ainsi que l'a reconnu de nos jours notre Congrégation de propagande par sa déclaration du 22 mai 1888. Le Saint-Siège, en effet, ne veut rien toucher au glorieux patrimoine que la France a reçu de ses ancêtres et qu'elle entend, sans nul doute, conserver en se montrant toujours à la hauteur de sa tâche. »

III

Droit de la France à protéger les intérêts catholiques en Extrême-Orient.

Si, du Levant, nous passons à l'Extrême-Orient, nous trouvons que la situation de la France, en Chine, sur le terrain des traités internationaux, est encore meilleure. En effet, en 1858, elle conclut avec le Céleste Empire, le traité de Tien-Tsin, dont l'article XIII établit :

La religion chrétienne, ayant pour objet essentiel de porter les hommes à la vertu, les membres de toutes les communions chrétiennes jouiront d'une entière sécurité pour leurs personnes, leurs propriétés et le libre exercice de leurs pratiques religieuses; et une protection efficace sera donnée aux missionnaires qui se rendront pacifiquement dans l'intérieur du pays, munis des passeports réguliers, dont il est parlé dans l'article 8[1]. Aucune entrave ne sera apportée par les autorités de l'Empire Chinois au droit qui est reconnu à tout individu en Chine d'embrasser, s'il le veut, le christianisme et d'en suivre les pratiques sans être passible d'aucune peine infligée pour ce fait. Tout ce qui a été précédemment écrit, proclamé ou publié en Chine, par ordre du Gouvernement, contre le culte chrétien, est complètement abrogé et reste sans valeur dans toutes les provinces de l'Empire.

Par cet article, le Gouvernement chinois promet entière sécurité aux membres de toutes les communions chrétiennes; et, puisqu'il prend cet engagement dans un traité international avec la France, celle-ci a le droit d'en exiger l'observation de même qu'elle a le droit de veiller à l'accomplissement des autres articles du traité. Voilà pourquoi et comment la

---

1. L'article 8 reconnaît aux agents diplomatiques et consulaires de la France, le droit de délivrer aux sujets français les passeports à l'intérieur par les autorités chinoises. Par l'article 13 déjà cité, ces agents français obtiennent le même droit pour tous les missionnaires chrétiens de toute communion ou nationalité.

France a, par le traité de Tien-Tsin, le droit de protéger, dans tout l'empire chinois, les personnes et les institutions non seulement catholiques, mais encore chrétiennes, de toute communion, même schismatique ou hérétique, et de toute nationalité, même chinoise [1].

Les autres puissances peuvent, sans aucun doute, par droit, propre protéger en Chine les personnes et les biens de leur propre nationalité, toutefois, sans que la Chine soit tenue de reconnaître les passeports consulaires. Cette concession ayant été faite à la France, la Chine peut l'étendre à d'autres puissances, mais, n'est nullement tenue de le faire. En effet, si nous sommes bien informés, cette concession a été étendue aux autres puissances ayant un représentant à Pékin, et, en particulier à l'Italie et à l'Allemagne. en 1888. L'Italie et l'Allemagne obtinrent même que le *vu* fut refusé par les autorités chinoises, aux passeports délivrés par toute légation étrangère, à des sujets allemands ou italiens [2], et le gouvernement chinois envoya aussi une circulaire dans ce sens aux

1. Dernièrement, M. de Lanessan, dans un article publié dans le *Siècle* de Paris, du 5 novembre, et M. Dubief, dans son rapport sur le budget des affaires étrangères, niaient que le traité de Tien-Tsin donnât un semblable droit à la France ; mais, la chose est si évidente qu'il ne peut y avoir de discussion là-dessus. La France, en soutenant son droit de protection en Chine, s'est toujours appuyée sur le traité de Tien-Tsin.

2. Voici le texte des notes échangées à ce propos, entre le Ministre italien, à Pékin et le gouvernement chinois, que nous extrayons de l'ouvrage : « Traités et convention entre le Royaume d'Italie et les autres États, rassemblés par les soins du Ministère des Affaires Étrangères. Vol. XI, Rome 1889. »

Traduction :

« Il R. Ministro d'Italia a Pechino al Tsung-li Yamen cinese

« Pechino, 29 Sett. 1888.

« Riferendosi ad una conversazione che egli ebbe ieri l'onore di avere con S. « A. il principe Ch-ing e LL. EE. i ministri del Tsung-li Yamen, l'Inviato « straordinario e Ministro Plenipotenziario di S. M. il Re d'Italia chiede permesso « di riassumere brevemente in questa nota il risultado del detto colloquio :

« 1° I Missionari cattolici italiani, provvisti di passaporti dati ad essi, in « debita forma, dalla Legazione d'Italia in Cina, hanno facoltà di recarsi nello « interno dell'Impero e di godervi degli stessi privilegi e della stessa protezione « accordata ai Missionari cattolici francesi provvisti di passaporti dalla Lega- « zione di Francia.

« 2° D'oggi innanzi sarà rifiutato il « visto » delle Autorità Cinesi ai passaporti « rilasciati da ogni altra Legazione estera, che non sia la Legazione d'Italia, a « Missionari cattolici italiani, la cui nazionalità italiana è dichiarata nei passaporti.

« Queste misure comincieranno ad avere esecuzione dopo un plausibile periodo « di tempo sufficiente perché le Alte Autorità in Pechino possano dare le neces- « sarie istruzioni alle Autorità provinciali.

vice-rois et gouverneurs des provinces. Cela était contraire à
l'article 13 du traité de Tien-Tsin, et ce fut à juste titre, que

« Tale termine non essendo stato menzionato nel colloquio di ieri, il Ministro
« d'Italia prende la libertà di suggerire che sia fissato allo spirare di due mesi
« dalla data di oggi, cioè a cominciare dal 1° dicembre prossimo.

« Egli sarebbe molto grato a S. A. il Principe ed ai Ministri del Tsung-li Yamen
« d'una risposta che confermi gli accordi che precedono, e si vale intanto della
« opportunità per rinnovare a Sua Altezza e alle Loro Eccellenze gli atti della
« sua più alta considerazione. FERD. DE LUCA.

« Il Tsung li cinese al R. Ministro a Pechino.

« Pechino, 9 Ottobre 1888.

« Abbiamo l'onore di accusare ricevimento del dispaccio di V. E. del 29 set-
« tembre ultimo, in cui, ad una conversazione avuta nel giorno precedente, col
« Tsung-li Yamen, V. E. ne riassume il risultato, come segue :

« I Missionari cattolici italiani provvisti di passaporti dati in debita forma dalla
« Legazione italiana in Cina avranno facoltà di recarsi nello interno dell'Impero
« e godranno ivi degli stessi privilegi e protezione accordata ai Missionari cat-
« tolici francesi provvisti di passaporti dati dalla Legazione di Francia ;

« Il visto delle Autorità cinesi sarà d'ora innanzi rifiutato ai passaporti rilas-
« ciati da qualunque Legazione estera che non sia la Legazione d'Italia a mis-
« sionari cattolici italiani, la cui nazionalità italiana è dichiarata nei passaporti.
« In questo caso i passaporti saranno nulli e di nessum valore.

« V. E. suggeriva che il 1° Dicembre venturo dell'anno europeo sia fissato
« come termine, dopo il quale queste misure debbano essere attuate.

« Il Principe ed i Ministri hanno l'onore di farle osservare, in risposta, che
« quando V. E. tenne parola al Yamen dei passaporti dei Missionari italiani in
« Cina vi fu perfetto accordo tra le vedute di V. E. e quelle del Yamen, e che
« noi abbiamo già date istruzioni alle alte Autorità provinciali di ordinare alle
« Autorità locali di agire in conformità.

« Nel suo dispaccio V. E. ha dichiarato di nuovo chiaramente cio che era
« stato verbalmente stabilito nel colloquio suddetto ed ha suggerito di fissare un
« termine dopo il quale questi accordi debbano eseguirsi. Noi abbiamo già preso
« piena conoscenza del contenuto del detto dispacio e ci pregiamo di confermarle
« che in futuro in Missionari italiani provvisti di passaporti dati dalla legazione
« d'Italia godranno esattamente la stessa protezione ed esattamente gli stessi pri-
« vilegi che i Missionari francesi con passaporti dati dalla Legazione di Francia.

« Se missionari italiani hanno ricevuto passaporti da qualunque altra Lega-
« zione estera con la nazionalità italiana distintamente espressa nei passaporti,
« tali passaporti saranno considerati come nulli e di nessum valore e le Autorità
« cinesi rifiuteranno il loro visto ai medesimi.

« Anche qualora la nazionatità italiana del Missionario pel quale si chiede il
« passaporto non fosse esplicitamente menzionata in quest'ultimo, ma la Lega-
« zione o i Consoli italiani dichiarassero, senza dubbio, che il detto Missionario
« è un suddito italiano, le Autorità Cinesi considereranno tale passaporto come
« nullo e di nessum valore e gli riffiuteranno la loro vidimazione.

« Il 1° Dicembre prossimo, data indicata da V. E. come termine, a cominciare
« dal quale tutto questo dovrà effettuarsi, corrisponde al 17° giorno del 10° mese
« dell'anno cinese, ed il nostro Yamen uniformandosi a tale proposta, ha già in-
« formato i Soprintendenti dei porti settentrionali e meridionali di dare ordini ai
« Tas'tai Hai Kuan di agire coerentemente.

« Nel dirigere questa riposta a V. E. noi profittiamo della opportunità per rin-
« novarle gli atti della nostra più alta considerazione.

« *Il Principe ed i Ministri* del Tsung-li Yamen. »

le ministre de France demanda des explications au gouvernement chinois.

Il lui fut répondu que le gouvernement chinois ne pouvait
refuser les passeports (c'est-à-dire le *vu*) que le Ministre
italien demandait pour les italiens ; mais, qu'il n'y avait rien
de changé pour la France, que lorsque le ministre de France
demanderait un passeport pour un missionnaire quel qu'il
soit, il lui en serait donné un, à moins que ce missionnaire
en ait déjà un.

Nous ne savons pas si le gouvernement français répondit ;
mais, ce que nous savons, c'est que les agents consulaires de
la France en Chine, continuent de délivrer les passeports à
des missionnaires italiens aussi, en exigeant le *vu* des autorités chinoises.

Afin d'éviter des conflits possibles, il y eut en 1901 une
entente ultérieure entre l'Italie et la France. En effet,
M. Visconti-Venosta, ministre des Affaires étrangères, en
Italie, télégraphiait, le 9 février 1901, à M. Salvago, ministre
d'Italie, à Pékin : « L'Ambassadeur de France m'a fait con-
naître dans les termes suivants l'opinion de son gouvernement au sujet de la question des missionnaires. Le gouvernement français n'a aucune objection à faire au sujet de la
protection que la légation royale exerce en faveur des missionnaires italiens qui ont recours à elle ; mais, il ne croit
pas pouvoir repousser les missionnaires italiens qui réclame-
raient la protection de la légation française. Je vous informe
de ce qui précède afin de vous tenir au courant, et pour votre
gouverne. » Et, de son côté M. Salvago télégraphiait, le
12 juin de la même année, à M. Visconti-Venosta : « Le
ministre de France m'a dit hier matin, avoir reçu des
instructions pour ne s'occuper que des missionnaires qui
auront recours à lui. »

Même sans cette entente, la France ne pouvait rien objec-
ter auprès du gouvernement chinois, parce que celui-ci aurait
pu répondre que le traité de Tien-Tsin ne lui défend pas
d'accorder à d'autres puissances pour leurs propres sujets,
les mêmes droits qu'à la France. Il se peut que cette entente
engageât la France à ne pas insister auprès du Saint-Siège

afin que les demandes de protection faites, par hasard, par les missionnaires italiens à la légation italienne fussent retirées ; mais, il est évident qu'en tout cas, elle ne lie aucunement les mains du Saint-Siège.

Nous ignorons pourtant qu'une autre puissance, en dehors de la France ait obtenu du gouvernement chinois le droit général de protection. Donc, tandis que les autres puissances ont un droit de protection provenant du droit des gens lui-même, limité à leur propre nationalité, la France seule a, par le traité de Tien-Tsin, un droit général qui la constitue en Chine, protectrice de la chrétienté. Par conséquent, les personnes et les institutions catholiques chrétiennes, appartenant, soit à la France, soit à la Chine, soit à une autre nation non représentée à Pékin, n'ont d'autre protecteur que la France. Les autres peuvent recourir, soit au représentant de la France, soit au représentant de leur propre gouvernement. La France a donc, en vertu du traité de Tien-Tsin, une condition prépondérante et privilégiée en Chine.

Cette condition ensuite a eu son complément par le Saint-Siège lequel, dans le Levant, comme en Chine, a conféré à la France le mandat, ou mission de protéger les intérêts de l'Église catholique. Donc, en Chine aussi, la France a un double droit pour intervenir ; celui qui lui vient du traité de Tien-Tsin, et celui qui lui vient du mandat que lui a confié le Saint-Siège. De plus, le Saint-Siège a prescrit aux missionnaires de toute nationalité d'avoir recours au représentant de la France, à l'exclusion de tout autre. La circulaire du 28 mai, de la S. C. de la Propagande, comprend non seulement l'Orient, mais également l'Extrême-Orient ; et, dans de nombreux cas particuliers et récemment encore, la même Sacrée Congrégation a toujours soutenu le droit exclusif de la France.

Pour n'en citer qu'une, après l'accord dont nous avons parlé, entre l'Italie et la Chine, en 1888, le ministre d'Italie, à Pékin, M. De Luca, envoya, le 9 novembre de la même année, une circulaire à tous les vicaires apostoliques italiens de Chine, par laquelle il leur communiquait la teneur de l'accord, et les engageait à se placer sous la protection exclusive de la légation italienne, leur promettant l'appui le plus efficace, et en cas contraire, leur faisant la menace « que leurs noms seraient effacés des numéros matricules des sujets royaux, demeurant en Chine, et vos seigneuries perdraient collectivement et individuellement tout droit à la protection et à tout traitement de faveur, de la part des autorités diplomatiques italiennes, ainsi que des autorités consulaires de même nationalité en Chine, soit, pour le présent, par rapport aux affaires d'ordre administratif ; soit pour l'avenir dans tout événement politique pouvant être dangereux. »

Les vicaires apostoliques ne firent aucune réponse, et ceux qui, comme le vicaire apostolique du Chen-Si, répondirent, le firent en disant que, suivant les ordres qu'ils avaient reçus de la S. C. de la Propagande, ils ne pouvaient renoncer à la protection de la France.

Et, comme en 1901, après les événements que chacun connaît en Chine, un vicaire apostolique italien paraissait agir d'une autre manière, la S. Congrégation, après avoir reçu des observations, lui écrivait, le 3 mai de la même année : « D'après des nouvelles reçues à la S. Congrégation de la Propagande, il paraît se confirmer que le V. G. refuse le protectorat de la France, en se servant de celui du gouvernement italien, pour sauvegarder les droits de votre mission auprès des autorités civiles de ce pays. Je crois donc, conformément au télégramme que j'ai envoyé à ce sujet à M. F... et qu'il doit vous avoir communiqué, devoir vous notifier directement même que l'expresse volonté du Saint Père est que V. G. se serve des représentants du gouvernement français et non de ceux du gouvernement italien, lorsque vous avez à traiter des affaires de votre vicariat avec les autorités chinoises. »

Les missionnaires allemands seuls, à la suite de l'accord de 1888, ont recours aux agents allemands, avec le consentement, au moins tacite de la France, et, par conséquent le Saint-Siège lui aussi n'a pas cru devoir intervenir.

Cette prescription du Saint-Siège fait en sorte que la France en Chine protège, en fait, les missionnaires de toute nationalité, à part l'exception que nous avons indiquée pour l'Allemagne, parce que les missionnaires, obéissant à l'ordre pontifical ont recours seulement au représentant français en laissant de côté le représentant de leur propre gouvernement lui-même.

Si le Saint-Siège retirait l'ordre donné aux missionnaires nous parlons au conditionnel, sans vouloir dire que le Saint-Siège fera ainsi), la France conserverait la protection effective des catholiques français, chinois, ou de toute autre nationalité n'ayant point de représentant à Pékin, mais, elle perdrait, sans aucun doute, spécialement depuis la rupture des relations diplomatiques avec le Saint-Siège, la protection des catholiques d'autre nationalité, et son privilège serait diminué de moitié. Il est donc clair, qu'aussi en Chine, la France doit au Saint-Siège une grande partie de la condition prépondérante et privilégiée que nous venons de montrer.

La France a toujours attribué la plus grande importance à cette condition privilégiée. Le gouvernement français a fort souvent, et notamment, le 5 janvier 1893, attiré l'attention du Saint-Siège (n'ayant rien à opposer aux gouvernements) sur les velléités que montraient différentes puissantes, selon les termes propres de l'ambassadeur, de revendiquer, à l'exemple de l'Allemagne et de l'Italie, la protection de leurs sujets, et, sur les graves conséquences qui résulteraient pour les missions, si le protectorat unique venait à cesser. Et, chaque fois qu'un missionnaire invoquait la protection du représentant de sa propre nation, l'ambassadeur de France ne manquait jamais de porter ses réclamations auprès du Saint-Siège. Non contente de cela, la France obtint, en 1899, par le moyen de son ambassadeur, M. Pichon, le décret suivant du gouvernement chinois :

Lorsqu'une affaire de quelque importance touchant les missions surviendra dans l'une quelconque de nos provinces, l'évêque et le missionnaire du lieu réclameront l'intervention du ministre ou des consuls de la puissance à laquelle le Pape a confié le protectorat religieux.

Enfin, tous savent, qu'en 1886, lorsque le Saint Siège voulut, d'accord avec le gouvernement chinois, établir auprès de la cour de Pékin, une délégation apostolique, avec caractère diplomatique, le gouvernement français, jugeant que son protectorat unique et général sur tout l'empire, se serait trouvé lésé par cette décision s'y opposa avec la plus grande énergie.

IV

Des honneurs réservés aux Représentants de la France en Orient et en Extrême-Orient.

Le droit de protéger est l'élément essentiel du protectorat français ; les prérogatives honorifiques réservées à ses représentants en sont l'élément accessoire. Il s'ensuit de là que la France prétendrait à tort à ces distinctions dans les pays où elle n'a pas, où elle n'a plus le droit de protéger : *accessorium sequitur principale*. Ceci posé, notons que les prérogatives honorifiques réservées en Orient aux représentants de la France, comme protectrice de l'Église catholique sont d'une double espèce ; les unes furent concédées par le Saint-Siège par un acte écrit et positif ; les autres s'introduisirent peu à peu par l'usage, tolérées ou approuvées tacitement par le Saint-Siège.

A la suite de discussions entre le préfet de la mission de Tripoli et le consul de France qui y résidait en 1741, sur les honneurs auxquels prétendait celui-ci, l'on détermina les honneurs qui devaient être rendus aux consuls de France dans le Levant ; et l'on publia le règlement de la S. C. de la Propagande de 1742 *pour les honneurs à rendre aux consuls de la France dans le Levant*. Ce règlement divisé en neuf articles, examiné et corrigé par la S. C. de la Propagande, sur quelques points, pour se conformer aux décrets précédents, pourrait être ainsi dénommé dans le langage ecclésiastique : *Cérémonial des représentants français dans le Levant*. L'on y établit que, lorsque le consul prend possession de sa charge, l'on doit chanter un *Te Deum* solennel dans l'église de la mission ; que dans cette église, il doit y avoir une place d'hon-

neur pour le consul ; que le préfet de la mission doit envoyer
un serviteur aviser le consul de l'heure de la messe ; que
dans les différentes occasions qui sont mentionnées l'on dira
dans l'église l'oraison pour le Roi très chrétien, et d'autres
prescriptions liturgiques qui feraient assurément sourire
plus d'un franc-maçon, mais qui prouvent la déférence spéciale de l'Église envers la nation française et servent beaucoup à rehausser devant les populations orientales le prestige
et l'autorité personnelle des consuls français, de préférence
à leurs collègues des autres nations, et le crédit de la France
qu'ils représentent[1].

Ce règlement fut établi, il est vrai, à l'occasion des dissentiments de Tripoli, mais il fut également étendu à toutes les
missions du Levant, en particulier à celles de Terre Sainte ;
et, non seulement il fut mis en pratique au temps de sa
publication, mais il fut également repris et remis en vigueur
en 1806 après les troubles et les changements survenus en
France ; il en fut de même en 1817 et enfin en 1848.

Les honneurs accordés en 1742 concernent seulement la
France, ainsi qu'il apparaît par le titre du *règlement*, de sorte
que ces honneurs ont formé jusqu'ici un privilège exclusif à
cette nation. En effet, non seulement l'on ne trouve point
qu'on les ait jamais concédés à une autre puissance, mais il
y a même une déclaration faite en ce sens, en 1848. Cette
année-là, en effet, les dissentiments au sujet des honneurs
consulaires ayant encore été soulevés, et la question portée à
la secrétairie d'état, celle-ci renvoya à l'observance de ce
règlement, ainsi qu'on le lit dans une note envoyée, le
2 octobre, à l'ambassadeur, à Rome, M. d'Harcourt, par S. Em.
le cardinal Soglia, secrétaire d'état de Sa Sainteté. Il résulte
de cette note que ce règlement n'est qu'à *l'usage de la puissance protectrice seule*, et que les honneurs de parole *doivent
être en général pratiqués envers les consuls français, comme*

---

1. « Mon Dieu ! (écrivait M. Gabriel Charmes, dans la *Revue des Deux-
Mondes*, 15 sept. 1882), c'est triste à dire et j'en suis désolé pour les radicaux
de la Chambre, mais cette grande autorité de notre consul sur les populations
chrétiennes vient uniquement de ce qu'il trône aux offices et de ce que le Délégué
apostolique l'encense pendant la Messe en présence de tous les fidèles éblouis. »

représentants de la puissance protectrice des catholiques, à l'exclusion de ceux des autres puissances catholiques. D'autres fois encore, s'il arrivait qu'on ait transgressé ces ordres, la France faisait valoir son droit, et son droit exclusif à ces honneurs, auprès du Saint-Siège, lequel n'a jamais manqué de la soutenir. Nous pouvons même ajouter qu'il arriva souvent que les agents de la France, non contents des honneurs qui leur étaient attribués, prétendirent encore en avoir d'autres, au courant des cérémonies sacrées ; la S. C. de la Propagande a toujours résolu les litiges de cette sorte en se tenant à la lettre du règlement de 1742.

Il y eut pourtant une exception, si toutefois l'on peut la nommer ainsi. En 1867, sur la plainte de l'ambassadeur d'Espagne, de ce qu'à Beyrouth, les capucins n'avaient pas rendu au consul de S. M. catholique les honneurs habituels, à la cérémonie religieuse, pour le jour de la fête de la Reine, il fut écrit à Mgr Valerga, patriarche de Jérusalem. Celui-ci répondit qu'une semblable controverse entre le consul français et celui des autres puissances avait été résolue à Jérusalem en 1848, le consul français, M. Botta, ayant, avec l'approbation de son *gouvernement*, abandonné les prétentions de son prédécesseur, c'est-à-dire celle que dans une semblable occurrence, l'on n'accordât point des honneurs aux consuls des autres puissances catholiques sans son consentement, et que, depuis (ajoutait-il) le patriarcat, sur la demande que font chaque fois les consuls, leur a accordé les honneurs ecclésiastiques lors de la circonstance déjà mentionnée.

Interrogée à ce sujet, la secrétairie d'état, par un billet du 10 octobre 1867, approuva l'usage introduit à Jérusalem, et ordonna que cet usage fût suivi aussi en Syrie envers les consuls des puissances catholiques. Cet ordre fut transmis au pro-délégué apostolique de Syrie par une lettre du 23 octobre. Le même système fut ensuite appliqué aussi en Égypte.

Outre ces privilèges honorifiques concédés dans le Levant aux consuls français, par un acte écrit et positif, il y en a d'autres, lesquels, ainsi que nous l'avons dit, furent introduits par l'usage, et par conséquent ne sont pas absolument semblables en tout, ni toujours constants dans le même lieu.

Pour en citer quelques-uns, voici, par exemple que lorsqu'un nouveau délégué du Saint-Siège arrive au lieu de sa mission, c'est le représentant de la France qui traite officiellement avec le gouvernement, pour les honneurs civils à rendre au délégué. Il va le recevoir à l'arrivée, l'accompagne, prend place dans sa voiture et à l'église, il assiste en grand uniforme à la cérémonie religieuse, il notifie son arrivée aux autres consuls, et aussi aux communautés religieuses, il le présente aux autorités civiles.

Une fois la cérémonie religieuse terminée à l'église, le délégué se rend au consulat français pour faire la première visite, qui est immédiatement rendue par le consul.

Il arrive même qu'au courant de la mission pontificale, le représentant français, dans certaines contrées, ait quelquefois prétendu que ce fût par son moyen seul que le délégué apostolique demandât les audiences aux autorités civiles, l'accompagnant, soit personnellement, soit le faisant accompagner par d'autres à l'audience, et demeurant présent à la conversation ; chose que tout le monde ne peut manquer de trouver excessive. En somme, l'on peut dire, en général, qu'en Orient, dans les missions où est en vigueur le protectorat français, l'on n'accomplit aucun acte extérieur solennel, dans lequel le représentant de la France, de préférence à toute autre n'intervienne, avec les honneurs correspondants à son grade.

Il est inutile de faire observer que toutes ces prérogatives honorifiques, soit écrites, soit d'usage, n'ont aucun rapport avec les capitulations et avec les traités internationaux conclus entre les diverses puissances et la Porte. Elles appartiennent aux représentants de la France dans le Levant uniquement du fait du Saint-Siège, lequel voulut récompenser ainsi la protection prêtée par la France, et élever aux yeux des populations orientales, la dignité de la nation protectrice de l'Église.

Il suffirait d'un signe du Saint-Siège pour que tout cet apparat honorifique cessât tout d'un coup ; il suffirait même simplement que le Saint-Siège ne veillât plus à son maintien, pour qu'il vînt à cesser immédiatement, tout au moins dans les missions non françaises, et tout particulièrement si l'état actuel de guerre à l'Église par la France, avait à durer.

Le règlement ci-dessus de la S. C. de la Propagande, daté de 1742 n'est que pour le Levant seulement; il ne s'applique donc pas à l'Extrême-Orient. Pourtant, en Chine aussi, les missionnaires de toute nationalité ont continué d'honorer d'une manière spéciale les représentants de la France, soit dans les cérémonies religieuses, soit dans les actes civils solennels de la mission, bien que ce ne soient pas des prescriptions écrites ; et le Saint-Siège, non seulement ne désapprouve pas, mais voit au contraire avec plaisir ces honneurs réservés aux représentants de la très noble nation, protectrice de l'Église dans l'Empire céleste.

Il résulte de cette étude que c'est le Saint-Siège qui a donné et qui conserve à la France son protectorat sur les catholiques d'Orient et d'Extrême-Orient.